Je suis capable!

C'est la fête des Pères!

À tous les papas. — D.P.

Catalogage avant publication de Bibliothèque et Archives Canada

Pelletier, Dominique, 1975-, auteur, illustrateur
C'est la fête des pères! / Dominique Pelletier.

(Je suis capable!)
ISBN 978-1-4431-4521-3 (couverture souple)

1. Fête des pères--Ouvrages pour la jeunesse. I. Titre.

HQ756.5.P45 2015 j394.263 C2015-900635-X

Édition publiée par les Éditions Scholastic, 604, rue King Ouest, Toronto (Ontario) M5V 1E1.

5 4 3 2 1 Imprimé au Canada 119 15 16 17 18 19

MIXTE
Papier issu de sources responsables
FSC® C103113
www.fsc.org

10%

Je suis capable!

C'est la fête des Pères!

Dominique Pelletier

PAPA
No. 1

Éditions
SCHOLASTIC

Je m'appelle Gustave...

Je m'appelle Olivia...

et je peux

tout faire!

Choisir un cadeau?

PAPA

Je suis capable!

$
50%

Servir le petit déjeuner au lit?

J'♥
PAPA

Je suis capable!

Décorer
le gâteau?

PAPA

Je suis capable!

Danser
pour papa?

Je suis capable!

Sortir les poubelles?

Je suis capable!

Faire le ménage dans le garage?

Je suis capable!

Préparer une belle carte?

PAPA

Je suis capable!

Nous pouvons tout faire!

PAPA

Sauf laisser papa dormir le matin!